AF451923

FRAGMENTS,

COMPÔSÉS DU PROLOGUE

DE DARDANUS,

DE L'ACTE

D'ALPHÉE ET ARÉTHUSE,

ET DE LA FÊTE DE FLORE,

PASTORALE EN UN ACTE;

REPRÉSENTÉS,

PAR L'ACADÉMIE-ROYALE

DE MUSIQUE,

Le Mardi 18 Juin 1771.

PRIX XXX. SOLS.

AUX DÉPENS DE L'ACADÉMIE.

A **PARIS**, Chés DE LORMEL, Imprimeur de ladite Académie, rue
du Foin, à l'Image Sainte Genevieve.

On trouvera des Exemplaires du Poeme à la Salle de l'Opera.

M. DCC. LXXI.

Les Paroles du Prologue font de la BRUERE.

La Mufique eft de RAMEAU.

ACTEURS CHANTANTS.

DANS LES CHŒURS.

CÔTÉ DU ROI.

Mefdemoifelles. Meffieurs.

du Puis. Héri.

d'Hautrive. Cailteau.

Garrus. Van-Hecke.

de Laurette. Vatelin.

Durand. Larffure.

Fontenet. Larlat.

l'Etienne. Lagier.

Renard. Martin.

Deffart.

Girardin. Méon.

Veron. Cleret.

le Queulx. Beghaim.

Tacuffet.

Beauvernier. Royer.

le Fevre. Cazal.

Thibault. de Lori.

Héri. Clairembeault.

CÔTÉ DE LA REINE.

Mefdemoifelles. Meffieurs.

Floquet. l'Écuyer.

Hebert. Albert.

Tourcati.

d'Agée. Pâris.

des Rofieres. Ghuiot.

Capoi.

Jouette. Marnieffe.

de l'Or. Boi.

Chenais. Laurent.

Huet.

Denis, l. Parant, c.

Rouxelin. Itaffe.

Baillion.

Quinfon. Jalaguier.

S. Julien. Jouve.

de Merei. Noelle.

Gouzet.

A ij

ACTEURS

DU PROLOGUE.

Vénus,	Mlle. du Plant.
l'Amour,	Mlle. Châteauneuf.

Suite de l'Amour.

la Jalousie,	M. Caſſaignade.
Deux Compagnes *de la* Jalousie,	Mlles. de Laurette. Floquet.

PERSONNAGES DANSANTS.

LES GRACES.

Mlles. la Fond, le Clerc, des Forges.

JEUX ET PLAISIRS.

Mlle. du PEREI.

M^rs. Giroux, le Doux, le Fevre, Simonin, c.

Mlles. de l'Orme, Henriette, Thévenet, la Rivière.

SUITE DE LA JALOUSIE.

M. du PRÉ.

M^rs. Henri, Fay, Rivet, du Chaiſne, Balderoni, Huart.

PEUPLES.

Mlle. THETELET.

M^rs. Trupti, Aubri, le Roi, l., Baux.

Mlles. du Meſnil, Sidonie, Maupin, Lalin.

PROLOGUE.

Le théâtre repréſente le palais de l'Amour, à Cithere. On y voit ce dieu ſur un trône de fleurs ; Vénus eſt à ſes côtés ; les Grâces & les Plaiſirs l'environnent, & la Jalouſie eſt dans le fond du théâtre, avec les Troubles, les Soupçons, &c. qui forment ſa ſuite.

SCÉNE PREMIÉRE.

VÉNUS, L'AMOUR & *leur* SUITE, *la* JALOUSIE & ſa SUITE.

VÉNUS.

Régnés, Plaiſirs, régnés ; enchantés ce ſéjour :
Mon fils vous doit tous les cœurs qu'il engage ;

C'eſt pour vous y trouver que l'on vient dans ſa
　　　cour :
　　　　Quand on adore l'Amour,
　　C'eſt aux Plaiſirs qu'on rend hommage.

(Les PLAISIRS *danſent ; mais ils ſont troublés*
　　par la JALOUSIE *& ſa ſuite :* L'AMOUR *ſe leve*
　　pour appaiſer le tumulte qui s'éleve dans ſon
　　empire.)
　　　　　　L'*A M O U R.*

Je veux que ſous mes loix tous les cœurs ſoient
　　　heureux :
Les Plaiſirs déſormais formeront ſeuls mes nœuds.

Tirans des tendres cœurs, Jalouſie inhumaine,
Soupçons, Troubles cruëls, fuyés de ce ſéjour ;
Fuyés, monſtres affreux, qu'on prendroit pour la
　　　haîne,
Si l'on ne vous trouvoit dans le ſein de l'Amour.

　　　L'*A M O U R ,* ET *V É N U S.*

Plaiſirs, enchaînés-les, & qu'une paix profonde
　　　Règne à-jamais dans ces beaux lieux :
Ils auroient, de l'Amour, fait le tiran du monde ;
　　Vous en ferés le plus charmant des dieux.

(Pendant que le chœur répete ces quatre vers , les

Plaifirs enchaînent, dans le fond du théâtre, la Jaloufie, les Troubles, les Soupçons, &c. Ils reviennent danfer autour du trône de l'Amour; mais leur danfe, qui a commencé par être vive & legere, fe ralentit peu-à-peu; enfin la langueur augmentant infenfiblement, ils s'endorment.)

VÉNUS.

Quel calme !... mais Cithere en devient la victime;
  Il va perdre tous fes appas :
Les Plaifirs languiffants n'ont rien qui les ranime;
  Je vois l'Amour s'endormir dans mes bras.

  (*A la* JALOUSIE *& à fa fuite.*)
 Brîfés vos fers, troupe affreufe & cruëlle;
  Accourés, Vénus vous appelle:
J'abandonne Cithere à l'horreur qui vous fuit,
Dût l'Amour éprouver le plus cruël martire.
  Vous ne pouvés que troubler fon empire;
Et ce calme perfide à-jamais le détruit.

La JALOUSIE, *fes* COMPAGNES *& le* CHŒUR *de fa fuite.*

Nos mains forgent les traits les plus forts qu'Amour
  lance :
C'eft au milieu des pleurs, des cris, des vains
  defirs,
Que les feux dont il brûle ont plus de violence :

S'il doit ſes attraits aux Plaiſirs,
C'eſt à nous qu'il doit ſa puiſſance.

(L'AMOUR, & les Plaiſirs ſe réveillent en ſoûpirant.)

VÉNUS, à la JALOUSIE & à ſa ſuite.

Ah! gardés-vous d'empoiſonner vos traits.
Si par vous cet empire eſt durable à-jamais,
C'eſt par les ſeuls Plaiſirs qu'il mérite de l'être:
En ranimant l'Amour, épargnés ſes attraits ;
Transformés-vous ; ſoyés dignes de votre maître.

Troubles cruëls, Soupçons injurïeux,
Vous, que l'orgueil nourrit, que le caprice guide,
Qui rendés & l'amant & l'Amour odïeux,
Devenés une ardeur délicate & timide,
Dont le reſpect épure & modere les feux :
Inſpirés par l'Amour, guidés par ſa lumière,
N'entrés dans les cœurs amoureux,
Que pour y réveiller l'emprèſſement de plaire.

(La JALOUSIE s'éloigne, ainſi que ſa ſuite.)

L'AMOUR.

Venés, mortels, venés jouïr de mes bienfaits:
C'eſt pour vous rendre heureux que je lance mes
traits.

(Les

(*Les mortels, de tous les états & de tous les âges,*
viennent rendre hommage à L'AMOUR.)

(*On danse.*)

CHŒUR.

Chantons l'Amour, chantons sa mere :
Ces dieux remplissent nos desirs.
Vénus pare, embellit la terre ;
L'Amour en fait tous les plaisirs.

(*On danse.*)

VÉNUS.

Quand l'Aquillon fougueux s'échappe de sa chaîne,
Sur les mers, qu'il ravage, il fait regner la mort :
Mais quand le dieu des vents, captivant son effort,
Ne lui laîsse exhaler qu'une plus douce haleine ;
Il feconde le cours des vaisseaux qu'il entraîne,
   Et les conduit au port.

(*Les danses continuent.*)

VÉNUS.

L'Amour, le feul Amour eſt le charme des cœurs.
Au roi, le plus puiſſant, que fervent les grandeurs ?
A vivre auſſi content un berger peut prétendre :

B

Et ſi, pour l'un des deux, le ciel s'eſt déclaré,
Celui qu'il a formé plus ſenſible & plus tendre,
Eſt celui qu'il a préferé.

(*Un divertiſſement géneral termine ce Prologue.*)

FIN DU PROLOGUE.

ALPHÉE

ET

ARÉTHUSE.

Les paroles de cet Acte sont prises dans le Ballet d'Aréthuse, de DANCHET *, avec quelques changements.*

La Musique est de M. D'AUVERGNE, *Surintendant de la Musique du Roi & Directeur de l'Académie-Royale.*

ACTEURS CHANTANTS.

NEPTUNE,   M. Durand.

VÉNUS,   Mlle. du Plant.

ARÉTHUSE, *nimphe de* DIANE, Mlle. Arnould.

ALPHÉE , *chaſſeur , amant*

   *d'*ARÉTHUSE,   M. l'Arrivée.

   Suite de NEPTUNE , *Suite de* VÉNUS,

PERSONNAGES DANSANTS.

SUITE DE VÉNUS.

M. GARDEL.

Mlle. HEINEL.

M. SIMONIN. Mlle. du PEREI.

M^{rs}. Trupti, Henri, Fay, du Chaifne, Balderoni, Huart.

Mlles. Mercier, Rofé, Martin, le Hou, Jonveau, Piccini.

SUITE DE NEPTUNE.

M^{rs}. du Bois, Lieffe, Gallet, Cafter, la Rue, Guillet.

Mlles. de Miré, du Mefnil, l'Efcaut, de Launai, Maupin, Véni.

ALPHÉE
ET
ARÉTHUSE.

Le théâtre représente le palais de Neptune, sur les bords de la mer, préparé pour la fête de Vénus.

SCÈNE PREMIÉRE.

ARÉTHUSE, *seule.*

POUR me souſtraire aux feux d'un amant, trop fidele,
Diane m'a conduite en cet heureux séjour :
 En faveur de l'immortelle,
 Neptune m'admet à ſa cour.

 A mon repos tout conſpire ;
Alphée à mes regards ne viendra plus s'offrir,

Il ne me verra plus & le craindre & le fuir.

La paix règne dans cet empire ;
Je dois m'en applaudir... d'où vient que je foûpire?

Severe tiran de mon cœur,
Devoir, que voulés-vous encore ?

Je combats, chaque jour, une douce langueur;
J'évite un amant que j'adore ;
Si je le plains, du-moins je prends foin qu'il l'ignore.

Severe tiran de mon cœur,
Devoir, que voulés-vous encore?

(*Après une fimphonie.*)

Tout paroît s'animer dans ce féjour charmant :
C'eſt le dieu des mers qui s'avance.
Les flots, par leur frémiſſement,
De leur auguſte maître annoncent la préfence,

SCÉNE

SCÈNE II.

NEPTUNE, ARÉTHUSE, *Suite de* NEPTUNE.

NEPTUNE.

BElle Aréthuse, un spectacle pompeux
Va briller dans ces lieux, soûmis à ma puissance :
 Daignés prendre part à nos jeux.

Et vous, dieux, que je tiens sous mon obéissance,
 Préparés les plus doux concerts :
Chantés le jour heureux où Vénus prit naissance ;
 Que son nom vole dans les airs.

LE *CHŒUR.*

Préparons les plus doux concerts :
Chantons le jour heureux où Vénus prit naissance ;
 Que son nom vole dans les airs.

NEPTUNE, à ARÉTHUSE.

Vénus doit embellir la fête ;
Elle va dans ces lieux répandre mille appas :
Nimphe, vous jouïrés du beau jour qui s'apprête.
Je vais, avec ma cour, au-devant de ses pas.

ARÉTHUSE.

De l'Amour, qui veut me surprendre,
Je fuis le charme dangereux ;

C

Parmi les plaisirs & les jeux,
De ses traits peut-on se deffendre ?

NEPTUNE.

Si vous le redoutés, fuyés de ce séjour.
C'est dans le sein de mon empire
Que Vénus a reçu le jour :
Il n'est point, sous les flots, de cœur qui ne soûpire.

ARÉTHUSE.

Hé quoi, tout trompe mon espoir !
Tout est soûmis au dieu, dont je crains le pouvoir !

NEPTUNE.

Nimphe, votre esperance est vaine ;
Et vous verrés l'amant soûmis à votre loi.

ARÉTHUSE.

Alphée, o ciel !

NEPTUNE.

C'est l'Amour qui l'amene :
Ce dieu dans mon empire est plus maître que moi.

ARÉTHUSE, *seule*.

Tout sert à redoubler ma peine.
L'amant que je fuyois.... est-ce lui que je voi !

SCENE III.

ARÉTHUSE, ALPHÉE.

ALPHÉE.

MAlgré tant de rigueur, nimphe, trop inhumaine,
Je viens encor chercher vos dangereux attraits :
   Ah ! j'aime mieux éprouver votre haîne,
Que de me condamner à ne vous voir jamais.

   A mes soûpirs, à ma constance,
   Accordés un tendre retour.

Quoi ! faut-il que des yeux, où j'ai pris tant d'amour,
   Me marquent tant d'indifference ?

   A mes soûpirs, à ma constance,
   Accordés un tendre amour.

ARÉTHUSE.

   Cessés de vouloir me contraindre
   A suivre un penchant amoureux.

   Je n'entends que des cœurs se plaindre
   Et de l'Amour & de ses feux :
Dans ma tranquillité je goûte un sort heureux.

   Cessés de vouloir me contraindre
   A suivre un penchant amoureux.

C ij

ALPHÉE.

Croyés-vous m'abufer ? en vain vous voulés feindre
Une tranquillité que, même en ce moment,
Votre embarras, votre trouble dément.
A-travers vos détours, la vérité terrible,
      Pour accroître encor mon malheur,
Dans mon cœur détrompé jette un jour plein
      d'horreur ;
      Non, le vôtre n'eft pas paifible :
Quelque rival fecret l'a fans doute charmé.
      Ingrate ! vous m'auriés aimé,
Si le plus tendre amour vous eût rendu fenfible.

ARÉTHUSE.

Vous ne connoiffés pas mon cœur.

ALPHÉE.

      Ah ! que n'eft-il en ma puiffance
D'immoler ce rival à toute ma fureur !
Je me confolerois d'une injufte rigueur
      Par le plaifir de la vengeance.

ARÉTHUSE.

Vous ne connoiffés pas mon cœur.

Il n'a point jufqu'ici reconnu de vainqueur ;

Pour fon repos, il doit être infenfible;
Il doit fuir de l'Amour les dangereux appas:

(*en foûpirant.*)

Hélas ! s'il eft poffible,
Ne le détrompés pas.

ALPHÉE, *avec tranfport.*

J'ôfe tout efperer de l'ardeur qui me prèffe.
Ce foûpir à mes vœux promet un fort plus doux.

ARÉTHUSE.

Si je pouvois un jour céder à la tendreffe,
Je ne voudrois y céder que pour vous.

Ma fuite, hélas ! ne peut être trop promte ;
Je n'ai que trop longtems demeuré dans ces
lieux.
Ne fuivés point mes pas ; épargnés - moi la
honte
De rougir à vos yeux.

(*Après une fimphonie agréable.*)

Quel pouvoir me retient ? Une clarté plus pure
Dans ces beaux lieux répand un nouveau
jour :

L'onde n'y coûle plus qu'avec un doux murmure;
Tout semble m'annoncer la mere de l'Amour.
Alphée ! heureux amant! quoi, Vénus, elle-même,
Vient-elle me parler pour lui ?

SCÈNE IV.

VÉNUS, NEPTUNE, *arrivant dans le même char.*

ARÉTHUSE, ALPHÉE, *suite de* VÉNUS *& de* NEPTUNE.

VÉNUS.

L'Univers reconnoît ma puiffance fuprême,
Aréthufe ; & je viens vous foûmettre aujourd'hui.

ARÉTHUSE.

Vénus exige cet hommage ;
Tous les cœurs à fa voix ne favent qu'obéir.

ALPHÉE.

Qu'entends-je ? de mes maux je perds le foûvenir !
Ah ! je vous aimois trop pour languir davantage.

VÉNUS, NEPTUNE, ARÉTHUSE, ALPHÉE,

ENSEMBLE.

Nept. & Vénus. } Formés } les nœuds les plus charmants ;
Alph. & Aréth. } Formons }

Nept. & Vénus. } Au tendre Amour { donnés } tous { vos } moments :
Alph. & Aréth. } { donnons } { nos }

Nᴇᴘᴛ. & Vᴇ́ɴᴜs.
Aʟᴘʜ. & Aʀᴇ́ᴛ. } Qu'il triomphe à-jamais; qu'il règne, qu'il { vous / nous } blesse:

Nᴇᴘᴛ. & Vᴇ́ɴᴜs. } Vous voyés
Aʟᴘʜ. & Aʀᴇ́ᴛʜ. } Nous voyons } finir { vos / nos } tourments:

Nᴇᴘᴛ. & Vᴇ́ɴᴜs.
Aʟᴘʜ. & Aʀᴇ́ᴛʜ. } Que { vos / nos } plaisirs durent sans-cèsse.

(Deux Personnages dansants , de la suite de
Vᴇ́ɴᴜs , enchaînent de guirlandes de fleurs
Aʟᴘʜᴇ́ᴇ & Aʀᴇ́ᴛʜᴜsᴇ.)

SCÊNE

SCÈNE V.

VÉNUS, NEPTUNE, ARÉTHUSE, ALPHÉE,

Suite de VÉNUS, *Suite de* NEPTUNE.

NEPTUNE, à ARÉTHUSE.

Embellissés déformais ce féjour ;
Qu'Alphée, ainfi que vous, prenne rang à ma cour :
　　Le Deftin vous rend immortelle.
　　　D'une gloire fi belle
Il fait part à l'amant, charmé de vos attraits.
　　En vous fefant vivre à-jamais,
Il veut que vous brûliés d'une flâme éternelle.

NEPTUNE avec les CHŒURS.

Neptune.　　{ Célébrés　}
Les Chœurs. { Célébrons } le jour glorïeux

　　Où l'on a vu fortir Vénus de l'onde :
　　　Elle fait les plaifirs des cieux,
　　　　Et le bonheur du monde.

Neptune.　　{ Chantés　 }　　　　　{ votre }
Les Chœurs. { Chantons } qu'à fes bienfaits { nôtre } zele réponde.

D

Neptune. } Que les plus doux tranſports éclatent dans { vos } jeux;
Les Chœurs. }   { nos }

(La Suite de VÉNUS & celle de NEPTUNE ſe réuniſſent & forment des jeux en l'honneur de VÉNUS.)

ALPHÉE & ARÉTHUSE, en duo & alternativement avec les CHŒURS.

Tout s'embellit en ce ſéjour ;
Tout célebre avec nous la mere de l'Amour.

Les vents, tranquilles dans leurs chaînes,
Laîſſent en paix le ſein des mers :
Le zéphir règne ſeul ſur les humides plaines :
De l'aimable chant des ſirênes
On entend retentir les airs.

Tout s'embellit, &c.

(Les jeux continuent, & ſont terminés par un ballet général.)

F I N.

LA FÊTE

DE

FLORE,

PASTORALE.

Les paroles sont de M. de SAINT-MARC.

La musique est de M. TRIAL , Directeur de l'Académie-Royale de Musique, & de la Musique de S. A. S. Monseigneur le Prince DE CONTI.

LA SCÊNE EST EN THESSALIE.

ACTEUR S CHANTANTS.

FLORE,	Mlle. Châteauneuf.
HYLAS, *berger, amant d'EUCHARIS.*	M. le Gros.
EUCHARIS, *bergere, prêtreffe de* FLORE,	Mlle. Beaumefnil.
CÉPHISE, *bergere coquette,*	M^{de}. l'Arrivée.

(La guirlande d'EUCHARIS doit être blanche ; celle de CÉPHISE couleur de rôfe ; celle d'HYLAS verte ; la guirlande, fuppôfée de DAPHNIS, jaune & violette.)

PERSONNAGES DANSANTS.

BERGERS & BERGERES.

M. V E S T R I S, Mlle. G U I M A R D.

M^rs. Leger, Rogier, Beaulieu, du Pré, Aubri, Hennequin, 1., Abraham, le Fevre.

Mlles. le Clere, Blondeval, Gaudot, Mainvilliers, d'Auvilliers, Thévenet, de l'Orme, Sophie.

PASTRES & PASTOURELLES.

M. d'A U B E R V A L, Mlle. A L L A R D.

Mlle. P E S L I N.

M^rs. Lieffe, Giguet, Cafter, la Rue, Hennequin, c., Giroux.

Mlles. la Fond, des Forges, le Roi, Louifon, Henriette, Sidonie.

LA FÊTE
DE FLORE,
PASTORALE.

*Le théâtre représente un boccage, au fond duquel est
une espece de sanctuaire, où il y a un autel, sur
lequel est la statue de FLORE. Il y a, à ce sanctuaire,
deux autres entrées, ou pâssages, formés naturel-
lement par le jeu des arbres, de manière qu'on
puisse aller à l'autel & revenir sur le devant de la
scêne par ces pâssages, ainsi que par le sanctuaire
même. Au pié de l'autel sont plusieurs guirlandes
& couronnes, compôsées de toutes sortes de fleurs.
Sur un des angles du devant de l'autel, sont deux
guirlandes enlacées, l'une blanche, & l'autre verte.*

SCÊNE PREMIÉRE.
CÉPHISE, *seule.*

AMour, Amour, prête-moi tous tes charmes;
Lance par moi tes traits vainqueurs :

Sans éprouver ton trouble & tes vives allarmes,
  Que je les porte au fond des cœurs.
  Avec plus d'art, l'heureuse indifference
  Use des moyens de charmer :
  C'est pour mieux servir ta puissance
  Que je ne veux jamais aimer.

Hylas a le cœur tendre, & je n'ai pu lui plaire :
Trompé par mon adresse, il a fui sa bergere ;
Mais, en ce jour de fête, il revient plus épris ;
Il unit son hommage à celui d'Eucharis :
Suivons, pour me venger, le dépit qui m'éclaire.

(*Céphise, qui a sa guirlande à la main, la joint à*
  celle d'Hylas, & met du même côté, mais sur
  le derriere de l'autel, la guirlande d'Eucharis,
  en y joignant celle de Daphnis.)

  (*On entend une simphonie, qui annonce les*
  bergers.)

Mais déjà nos bergers s'avancent vers ces lieux.
Pour remplir mes projèts, profitons de nos jeux.

(*Une troupe de bergers, de bergeres, de pastres & de*
  pastourelles porte, en dansant, au pié de l'autel,
  de nouvelles guirlandes & de nouvelles couronnes
  de fleurs.)

SCÊNE

SCÊNE II.

EUCHARIS, Bergers, Bergeres, Pastres, Pastourelles.

LE CHŒUR.

Rivale de la jeune Aurore,
Fille rïante du printems,
Reçois de nous, charmante Flore,
L'hommage pur de tes préfents.
Il n'eft point de plus doux encens
Que les fleurs que tu fais éclore.

(On danfe.)

EUCHARIS.

Un dieu bienfaifant
Forma la nature :
La terre, en naîffant,
Te dût fa parure.
L'amant de Thétis,
Au fortir de l'onde,
Éclaire le monde,
Et tu l'embellis.

LE CHŒUR.

Reçois de nous, charmante Flore, &c.

E

EUCHARIS.

De tes dons brillants
Vénus se couronne ;
Les tendres amants
En parent son trône :
Le plaisir toûjours
En fait, sur tes traces,
L’ornement des grâces,
Les nœuds des amours.

Un dieu, *&c.*

LE CHŒUR.

Rivale de la jeune Aurore, *&c.*

EUCHARIS.

Heureux habitants de ces lieux,
C’est assés célébrer votre reconnoissance.
Allés jouïr des biens que Flore vous dispense :
Je vais lui présenter vos vœux.

SCÈNE III.

EUCHARIS, feule.

AH, qu'un cœur tendre eft un cruël partage !
Et qu'on fouffre en aimant des tourments rigoureux,
    Lorfque nos peines font l'ouvrage
    De l'objet même de nos feux !

(*Appercevant la guirlande d'HYLAS jointe à*
    celle d'une autre bergere.)

Mais que vois-je ? quel prix de mon ardeur fincere !
La guirlande d'Hylas jointe, par mille nœuds,
    A celle d'une autre bergere !

SCÈNE IV.

EUCHARIS, CÉPHISE.

CÉPHISE.

DE ce jour, fait pour le plaifir,
Pourquoi ne pas goûter les charmes ?
Dans vos yeux j'ai lu vos allarmes :
Je viens les partager , je viens les adoucir.

Votre tristesse
S'accroît sans-cesse ;
Parlés , sans détour.
Prêtresse de Flore ,
Seriés-vous encore
Victime de l'Amour ?

E U C H A R I S.

Hélas !

C É P H I S E.

Le tendre Amour vous forma pour sa gloire ;
Non , la belle Eucharis n'aime point vainement.

E U C H A R I S.

Céphise !.. Hylas est inconstant.
Ah , qu'il m'en coûte pour le croire !

C É P H I S E.

Regretter un perfide amant
C'est mériter une nouvelle offense.
Les pleurs que l'amour répand
Font la gloire de l'inconstance.

E U C H A R I S.

Eh , comment de l'ingrat perdre le souvenir ?
Ah ! de mon cœur je ne puis le bannir.

C É P H I S E.

De la fleur la plus belle
Voyés le deſtin.
Chaque matin,
Une rôſe nouvelle
Pare notre ſein.

Le plaiſir, comme elle,
Au gré des Amours,
Change tous les jours.
De ce bien ſuprême
Sachons nous ſaiſir :
Qu'importe qu'il ſoit le même,
Si c'eſt un plaiſir ?

E U C H A R I S.

L'amour leger & volage
N'a que de trompeurs attraits :
Pour plaire aux cœurs qu'il engage,
Du bonheur il offre l'image,
Mais ne le donne jamais.

C É P H I S E.

De la fleur, &c.

E U C H A R I S, appercevant HYLAS.

Que vois-je ? o dieux ! Hylas s'avance.
Pour lui cacher mes pleurs, évitons ſa préſence.

SCÊNE V.

CÉPHISE, HYLAS.

HYLAS, à EUCHARIS, qui sort.

BElle Eucharis, hélas, quelle injuste rigueur !
Eh quoi, vous me fuyés ?.. o tendresse fatale !

CÉPHISE, à part.

Vengeons-nous, je le dois : détruisons ma rivale ;
    Ma gloire l'ordonne à mon cœur.

(*à HYLAS.*)

A nos desirs, berger, vous daignés donc vous rendre !
La joie enfin renaît dans nos cœurs attendris.

HYLAS.

Ah, si je vous suis cher, parlés-moi d'Eucharis,
    Parlés ; ne dois-je plus attendre
    Que des rigueurs & des mépris ?

CÉPHISE.

    Loin de succomber à ses peines,
    L'amant, qui gémit sous ses chaînes,
    Ne doit songer qu'à les quitter.

L'Amour a des aîles
Pour fuir les cruëlles :
Il faut l'imiter.

H Y L A S.

Quelle beauté pourroit encor me plaire ?
Eucharis trahit fes ferments.
Il n'eft plus de tendre bergere ,
Plus de bonheur pour les amants.

Quoi, je n'ai donc plus d'efperance ?

C É P H I S E.

L'Amour vous offre une vengeance,
Qui vous fervira mieux
Qu'une vaine conftance ;
Hylas, ouvrés les yeux.

Quand l'Amour nous appelle,
S'il nous preferit un nouveau choix,
Volons à fa voix.

Une ardeur nouvelle
Doit nous enflâmer :
Laîffons-nous charmer,
C'eft être fidele
Que toûjours aimer.

HYLAS.

Abandonné par celle que j'adore,
Ah, faut-il que l'Amour me force à la servir!

CÉPHISE.

Et si, plus insensible au feu qui vous dévore,
Elle aimoit un berger...

HYLAS.

Je la voudrois haïr;
Mais mon cœur l'aimeroit encore.

CÉPHISE.

Eh bien, forme de vains desirs,
Hylas, brûle pour ta bergere.
Ce n'est qu'en amusant que l'on parvient à plaire;
L'ennui toûjours suit les tristes soûpirs.

L'Amour doit avoir en partage
La legereté de Zéphir.

Toûjours riant, souvent volage,
Comme lui, changer & jouïr:
Dans les larmes, dans l'esclavage
Il n'est plus le dieu du plaisir.

SCÈNE VI.

HYLAS, seul.

AMour, si tu te plais à ma douleur mortelle,
Si les maux d'un cœur tendre ont pour toi des appas ;
Quels maux, quelle peine cruëlle
Réserves-tu pour punir les ingrats ?

SCÈNE VII.

EUCHARIS, HYLAS.

HYLAS, à EUCHARIS, qui paroît & veut, en
voyant HYLAS, rentrer dans le bosquet
de FLORE.

EN vain vous évités le malheureux Hylas ;
Vous m'enviés en vain la douceur de me plaindre :
Quand on n'est plus aimé, que reste-t-il à craindre ?
Partout je veux suivre vos pas.

EUCHARIS.

Ingrat, cessés de vous contraindre :
Allés vivre heureux, loin de moi,
Si l'on peut être heureux en trahissant sa foi.

HYLAS.

Moi, vous trahir ! hélas ! je vous adore.
L'Amour, qui m'impôfoit un exil rigoureux ,
Me conduit, pour vous feule, à la fête de Flore:
Eucharis & l'Amour , voilà mes premiers dieux.

J'ai voulu vous revoir encore ;
Vous peindre ma conftance, en offrant à vos yeux
Ma guirlande à la votre unie.

EUCHARIS, lui montrant l'autel.

A la mienne ! regarde, & vois ta perfidie.

HYLAS, appercevant fa guirlande jointe à celle
de CÉPHISE.

Quelle barbare main a pu tromper mes feux ?

(S'approchant plus près de l'autel, & voyant la
guirlande d'EUCHARIS jointe à celle d'un
autre berger.)

Mais que vois-je ? o douleur mortelle !
Puis-je le croire ? j'en frémis !
Votre guirlande jointe à celle de Daphnis...
Dieux ! eft-ce donc à vous , cruëlle ,
De m'accufer d'être infidele.

EUCHARIS.

Ce n'étoit pas affés de ta legereté :
Cet artifice eſt ton ouvrage.

HYLAS.

Qu'entends-je, grands dieux ! quel outrage !
Vous croyés...

EUCHARIS.

Laîſſe-moi gémir en liberté.
Je ne veux plus entendre un perfide, un parjure.

(Elle veut ſortir.)

(On entend une douce ſimphonie.)

Mais quels accents mélodïeux !
L'air, plus pur & plus frais, rajeunit la verdure :
Le feuillage s'anime & répand dans ces lieux,
Avec un doux murmure,
Mille parfums délicïeux.

HYLAS.

C'eſt Flore qui paroît. Elle prévient mes vœux.

SCÈNE VIII.

FLORE, EUCHARIS, HYLAS.

(*FLORE descend dans un char de fleurs.*)

FLORE.

Goûtés le prix d'une égale constance.
Céphise en vain voulut vous désunir :
Le ciel trompe son esperance.
Votre bonheur doit assés la punir :
Ce sera ma seule vengeance.

EUCHARIS & HYLAS, à FLORE.

Notre reconnoissance
Égale le bonheur dont nous allons jouïr.

FLORE.

Qu'on respire en ces lieux une volupté pure :
Qu'ils soient changés en des jardins charmants.
Tout doit jouïr dans la nature
De la félicité de deux parfaits amants.

(*Au fond du théâtre s'éleve un trône de fleurs où*
FLORE va se placer.)

(*Le théâtre représente les jardins les plus riants.*)

SCENE DERNIÈRE.

FLORE, EUCHARIS, HYLAS.

BERGERS, BERGERES, PASTRES, & PASTOURELLES.

(*On danse.*)

EUCHARIS, HYLAS & le CHŒUR.

QUe nos chants, que nos jeux répondent à nos
cœurs,
Pour célébrer notre aimable immortelle.
Que notre ardeur foit digne d'elle,
Et renaîffe comme ces fleurs.

Nos jours, fous fon riant empire,
N'ont que des moments pleins d'attraits.
Chantons le plaifir qu'elle infpire,
Chantons fa gloire & fes bienfaits.

(*On danse.*)

EUCHARIS.

Jeunes beautés, que l'Amour vous éclaire.
L'art d'enflâmer n'offre qu'un faux honneur :
Il vous égare, & le feul don de plaire
N'eft qu'un plaifir, & jamais un bonheur.

Enchaînés-vous par des liens durables :
Pour votre cœur le bonheur eft certain.
Ne craignés pas d'en être moins aimables :
Plaire & charmer c'eft-là votre deftin.

(On danfe.)

H Y L A S.

Des dons brillants de Flore
Le doux printems emprunte fes attraits :
Ainfi le dieu charmant que l'univers adore
A la beauté doit tous fes traits.

C'eft elle qui porte en nos âmes
Le fentiment & les defirs.
Un feul de fes regards fur nous lance les flâmes
Du dieu, que fuivent les plaifirs.

(*Un Divertiffement géneral termine cette
Paftorale.*)

F I N.

A P P R O B A T I O N.

J'AI lu, par ordre de Monfeigneur le Chancelier, les *FRAGMENTS*,
compôfés du Prologue de *DARDANUS*, de l'Acte d'*ALPHÉE*, & d'*A-
RÉTHUSE*, & de la *FÉTE de FLORE*, *Paftorale* ; & je crois qu'on
peut en permettre l'impreffion. A Paris ce 8 Juin 1671.

MARIN.